Impressum
Verlag: BABADADA GmbH, Nedderfeld 112 , 22529 Hamburg
Geschäftsführer / Verlagsleitung: Harald Hof
Druck: Books on Demand GmbH, In de Tarpen 42, 22848 Norderstedt

Imprint
Publisher: BABADADA GmbH, Nedderfeld 112 , 22529 Hamburg, Germany
Managing Director / Publishing direction: Harald Hof
Print: Books on Demand GmbH, In de Tarpen 42, 22848 Norderstedt

shule

baruumsaa

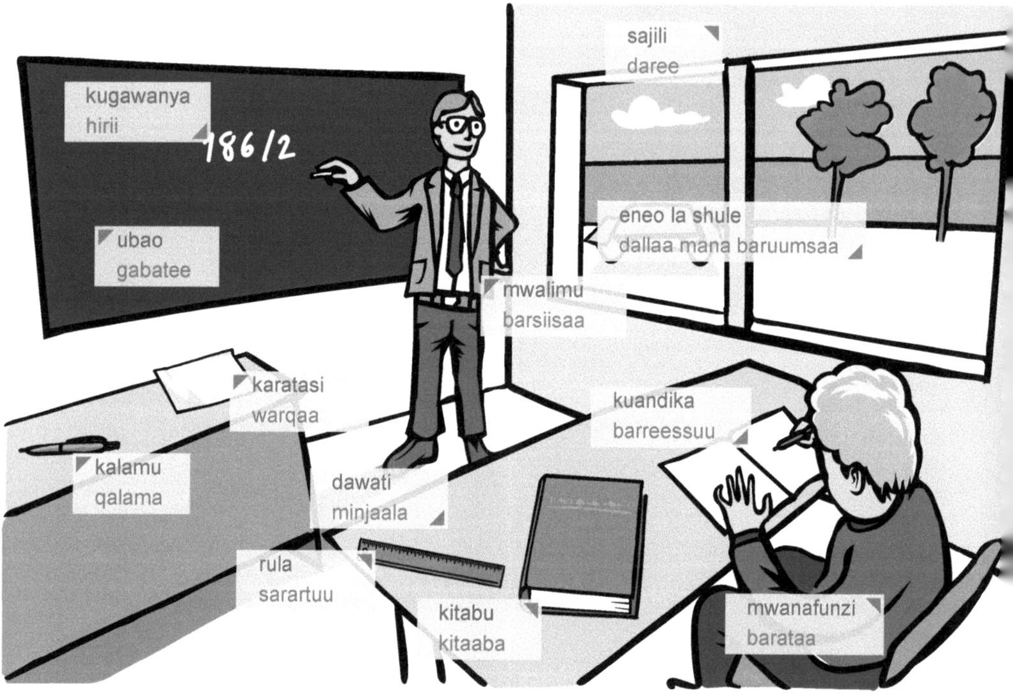

sajili
daree
kugawanya
hirii
186/2
ubao
gabatee
eneo la shule
dallaa mana baruumsaa
mwalimu
barsiisaa
karatasi
warqaa
kuandika
barreessuu
kalamu
qalama
dawati
minjaala
rula
sarartuu
kitabu
kitaaba
mwanafunzi
barataa

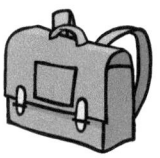

mkoba
korojoo baattamu

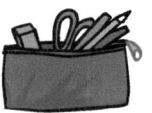

kikasha cha penseli
teessoo irsaasii

penseli
irsaasii

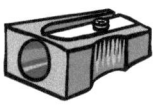

kichonga penseli
qartuu irsaasii

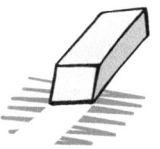

mpira
haqxuu

pedi ya kuchora
paadii fakkii

uchoraji

fakkii

brashi ya rangi

burusha halluu

sanduku la rangi

saanduqa halluu

mkasi

maqasa

gundi

maxxansituu

daftari

daftara

kazi ya nyumbani

hojii manaa

nambari

lakkoofsa

jumlisha

ida'ii

ondoa

hlr;lsl

zidisha

bay,isi

kokotoa

heerrcgii

barua

xalayaa

ABCDEFG
HIJKLMN
OPQRSTU
VWXYZ

alfabeti

tarree qubee

neno

jecha

maandishi

kitaaba barataa

kusoma

dubbisuu

chaki

biroonkii

somo

baruumsa

sajili

galmeessuu

uchunguzi

qormaata

cheti

raga barreeffamaa

sare za shule

uffata mana baruumsaa

elimu

barnoota

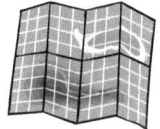

elezo

insaaykiloopeediyaa

chuo kikuu

yuunivarstii

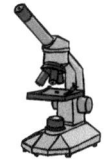

darubini

maaykiroos kooppii

ramani

kaartaa

kikapu cha kuweka karatasi
chafu

qircaata gatoo

4

hoteli
hoteela

Grand

hosteli
hosteela

ROOMS

ofisi ya ubadilishanaji
biiroo de cheenjee

EXCHANGE

sanduku
shaanxaa kafanaa

gari
konkolaataa

lugha

afaan

ndiyo / la

eyyeen / mitii

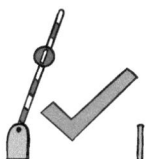

sawa

haa ta'u

hujambo

heloo

mtafsiri

turjmaana

Asante

galatoomaa

kiasi gani ni ...?

meeqa

Sielewi

naaf hingalle

tatizo

rakkoo

Jioni njema!

akkam ooltan

Habari za asubuhi!

akkam bultan?

Usiku mwema!

halkan gaarii

kwa heri

nagaatti nagaatti

mwelekeo

kallattii

mizigo

ba'aa imalaa

mfuko

korojoo

shanta

ba'aa dugdaa

mgeni

keessummaas

chumba

kutaa

begi la kulalia

korojoo hirriibaa

hema

dukkaana

taarifa ya utalii
odeeffannoo turistii

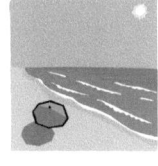

ufuo
qarqara haroo

kadi
kireedit kaardii

kifunguakinywa
ciree

chakula cha mchana
laaqana

chakula cha jioni
irbaata

tiketi
tikkeetii

kuinua
liiftii

muhuri
chaappaa

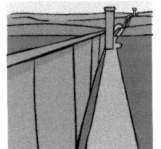

mpaka
daangaa

mila
barmaatilee

ubalozi
embaasii

visa
viizaa

pasipoti
paasspoortii

usafiri
geejiba

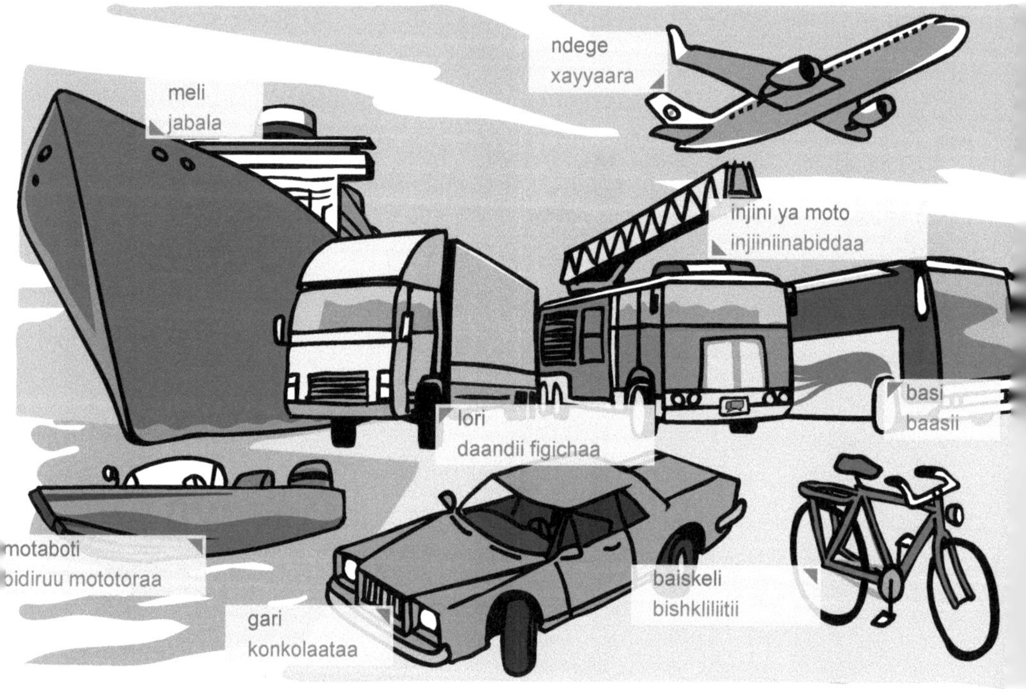

ndege
xayyaara
meli
jabala
injini ya moto
injiiniinabiddaa
basi
baasii
lori
daandii figichaa
motaboti
bidiruu mototoraa
baiskeli
bishkliliitii
gari
konkolaataa

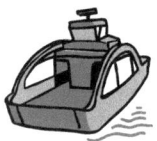

feri

bidiruu deeddebii

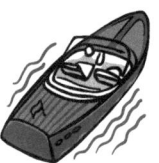

mashua

bidiruu

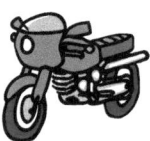

pikipiki

doqdoqqee

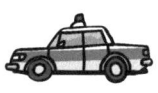

gari la polisi

konkolaataa foolisaa

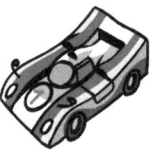

gari la mashindano

konkolaataa dorgommii

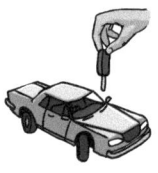

gari la kukodisha

konkolaataa kiraa

kushiriki gari

konkolataa waliin gahuu

lori la kuvuta

marsaa boqqoonna

ukusanyaji taka

daandii dhorkaa

motor

motora

mafuta

boba'aa

kituo cha mafuta

buufata boba'aa

ishara trafiki

mallattoo tiraafikaa

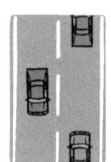

trafiki

tiraafika

msongamano

cuccufaa daandii
konkolaataa

maegesho

dhaabbii konkolaataa

kituo cha treni

buufata baburaa

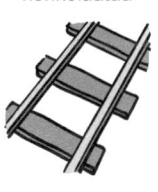

reli

konkolaataa guddaa

garimoshi

baabura

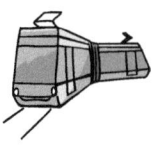

tremu

baabura eleektirikaa

gari la mizigo

gaarii fardaa

helikopta

helikooftara

uwanja wa ndege

buufata xayyaaraa

mnara

qooxii

abiria

keessummaa

chombo

konteenara

katoni

kaartunii

mkokoteni

gaarii

kikapu

qirccaata

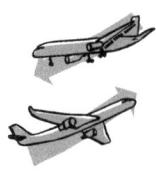

ondoka

barrisuu / qubachuu

jiji
magaalaa gudaa

kijiji

araddaa

katikati ya jiji

handhuura magaalaa

nyumba

mana

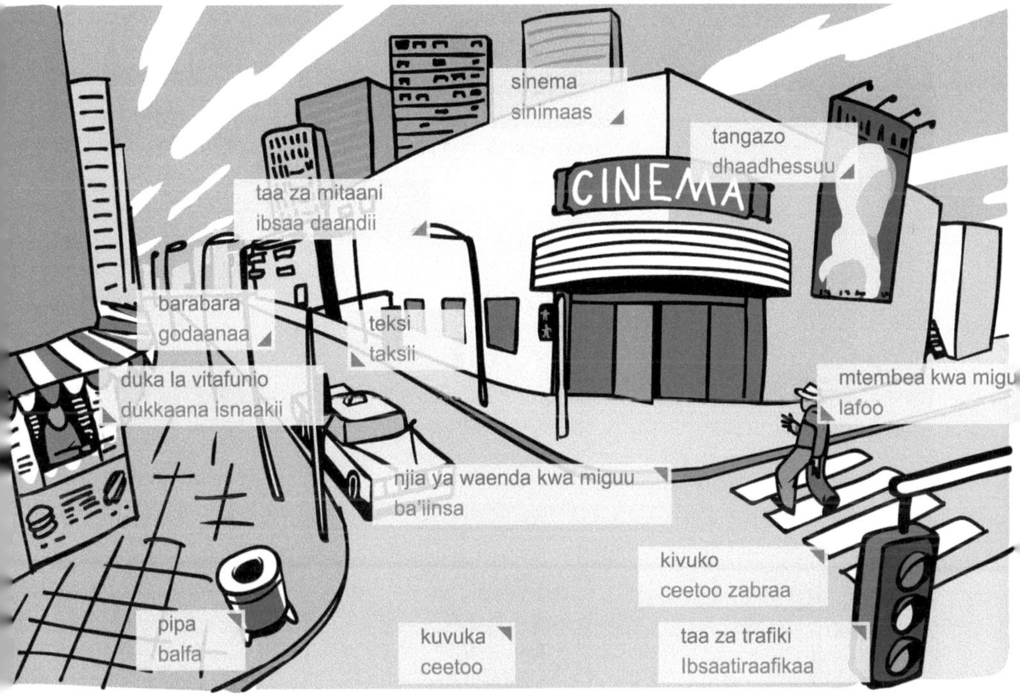

sinema
sinimaas

tangazo
dhaadhessuu

taa za mitaani
ibsaa daandii

CINEMA

barabara
godaanaa

teksi
taksii

mtembea kwa migu
lafoo

duka la vitafunio
dukkaana isnaakii

njia ya waenda kwa miguu
ba'iinsa

kivuko
ceetoo zabraa

pipa
balfa

kuvuka
ceetoo

taa za trafiki
Ibsaatiraafikaa

kibanda

godoo

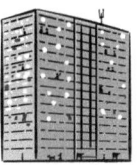

gorofa

diriiraa

kituo cha treni

buufata baburaa

ukumbi wa mji

galma magaalaa

Makavazi

muuziyeemii

shule

baruumsaa

chuo kikuu

yuunivarstii

benki

baankii

hospitali

hospitaala

hoteli

hoteela

duka la dawa

mana qorichaa

ofisi

waajjira

duka la kitabu

dukkana kitaabaa

duka

dukkaana

duka la maua

gurgurtuu abaabo

dukakuu

suppar maarkeetii

soko

gabaa

idara ya kuhifadhi

kuusaa dame

mwuza samaki

kiyyeessituu qurxxummii

kituo cha ununuzi

giddu gala gabaa

bandari

buufata galaanaa

Hifadhi
paarkii

benki
tessoo dalgee

daraja
riqica

vidato
sibsaabii

chini ya ardhi
Lafa jala

handaki
holqa

kituo cha mabasi
buufata konkolaataa

bar
baarii

mgahawa
mana nyaataa

sanduku la posta
saanduqa poostaa

ishara ya barabara
mallattoodaandii

mita ya maegesho
idoo dhaabbii konkolaataa

bustani ya wanyama
dallaa beeladaa

kidimbwi cha kuogelea
haroo daakkaa

msikiti
masgiida

shamba
qonna

uchafuzi
faalama

makaburini
iddoo awwaalchaa

kanisa
charchii

uwanja wa michezo
dirree taphaa

hekalu
siidaa

mazingira
teechuma lafaa

jani
baala

ishara ya mwelekeo
maxxansa beeksiisaa

njia
karaa

malisho
huruufa magariisa

jiwe
dhakaa

mtembeaji wa masafa
nama lafoo deemu

mti
muka

mto
laga

nyasi
mrga

ua
abaaboo

bonde
sulula

kilima
tabba

ziwa
hara

msitu
bosona

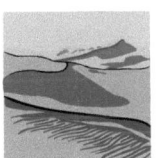

jangwa
gammoojjii oo;aa

volkano
dhooyinsalafaa

ngome
masaraa

upinde wa mvua
sabbata waaqqaa

uyoga
jaarsa marqoo

mtende
muka teemiraa

mbu
bookee busaa

kuruka
balali'uu

chungu
mixii

nyuki
kanniisa

buibui
sarariitii

mende
boombii

chura
hurrii

kuchakuro
shikookkoo

nungunungu
xaddee

sungura
beelada illeentii fakkaatu

bundi
jajuu

ndege
simbira

swan
daakkiyyee

nguruwe mwitu
ifaannaa

kulungu
godaa

aina ya kongoni
godaa ameerikaatti argamu

bwawa
riqicha

tabo ya upepo
tarbaayinii buubbee

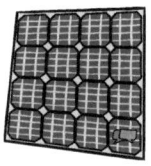

nishaji ya jua
panaalii soolaarii

hali ya hewa
haala qilleensaa

mgahawa
mana nyaataa

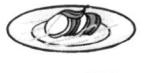

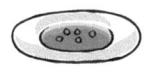

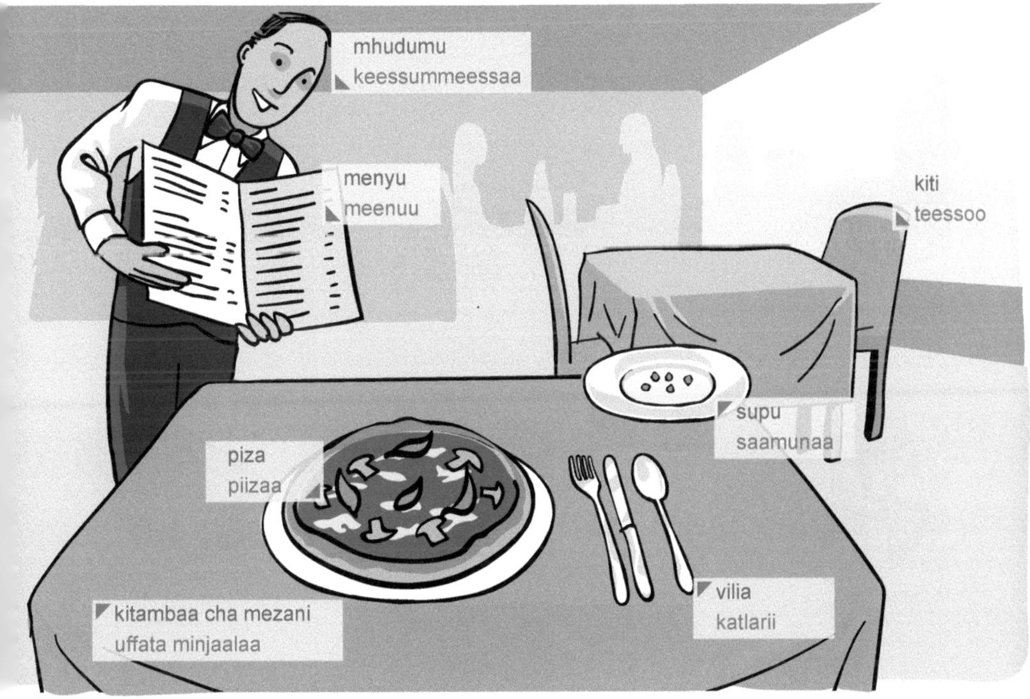

mhudumu
keessummeessaa
menyu
meenuu
kiti
teessoo
supu
saamunaa
piza
piizaa
vilia
katlarii
kitambaa cha mezani
uffata minjaalaa

kiamsha hamu

calqabsiisaa

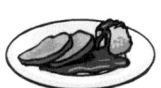

kozi kuu

madda muummee

kitindamlo

deezaartii

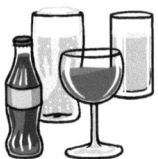

vinywaji

dhugaatii

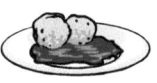

chakula

nyaata

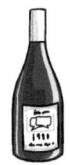

chupa

qaruuraa

chakula cha haraka

nyaata qophaa'aa

Streetfood

nyaata karaa irraa

buli

markajii shaayii

kisanduku cha sukari

qodaa shukkaaraa

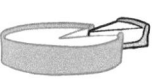

sehemu

uwwisa

mashine ya espresso

maashina espereessoo

kiti kirefu

teessoo ol ka'aa

muswada

nagahee

trei

tirii

kisu

hlbee

uma

shuukkaa

kijiko

fal'aana

kijiko cha chai

fal'aana shaayii

nepi

uffrata minjaala nyaataa

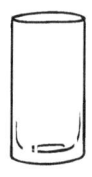

glasi

burcuqqoo

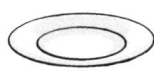

sahani
diiriiraa

sahani ya supu
teessoo saamunaa

sufuria
teessoo siinii

mchuzi
sugoo

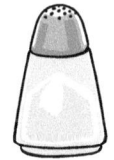

kichanyaji chumvi
qodaa sooqiddaa

kinu cha pilipili
daaktuu barbaree

siki
hadhooftuu

mafuta
zayita

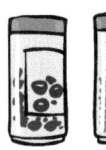

viungo
qimamii

kechapu
kachappii

haradali
sanaafica

kachumbari nzito
maaynoneezii

dukakuu

suppar maarkeetii

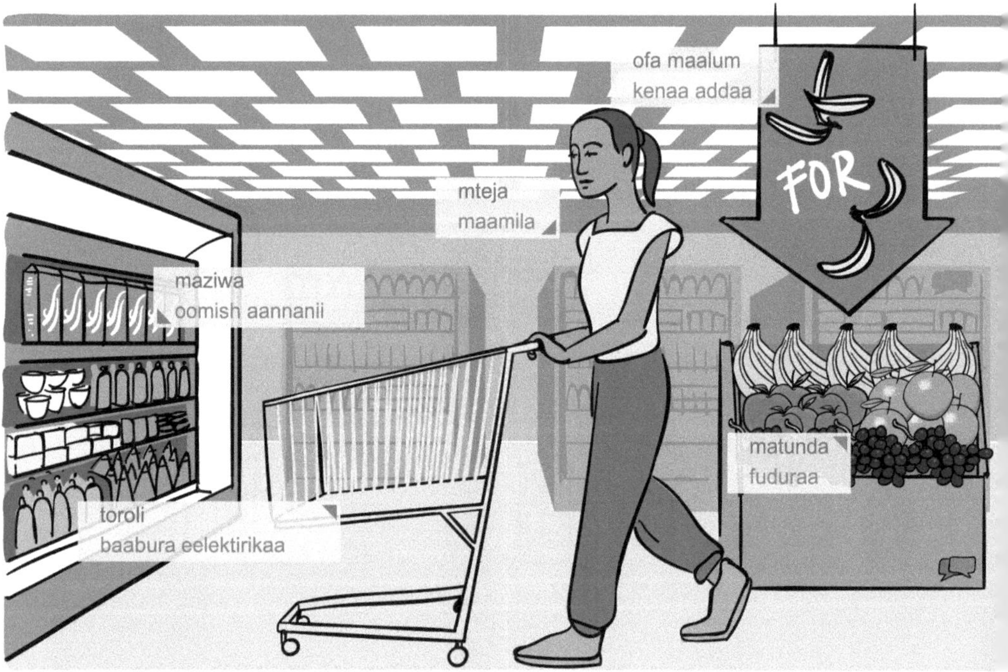

ofa maalum
kenaa addaa
FOR
mteja
maamila
maziwa
oomish aannanii
matunda
fuduraa
toroli
baabura eelektirikaa

BUTCHERS

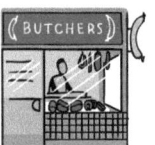

mchinjaji

mana foonii

BAKERY

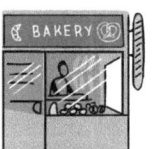

mwokaji

tolchituu

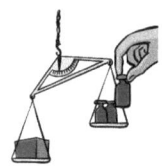

uzito

ulfaatina safaruu

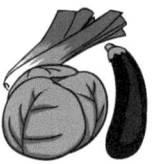

mboga

kuduraa

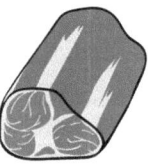

nyama

foon

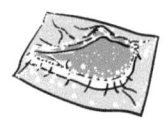

chakula waliohifadhiwa

nyaataqorraa

vipande vya nyama baridi

foon qorraa

chakula cha kopo

nyaata samsmaa

sabuni ya unga

oomoo

pipi

mi'aawaa

bidhaa za kaya

oomisha meeshaa manaa

bidhaa za kusafisha

bu'aa qulqulleessuu

mtu mauzo

nama gurgurtaa

mpaka

hanga

keshia

qarshi qabduu

orodha ya manunuzi

taree gabaa

masaa ya ufunguzi

sa'aatii baniinsaas

mkoba

krojoo qarshii kan dhiiraa

kadi

kireedit kaardii

mfuko

korojoo

mfuko wa plastiki

korojoo pilaastikaa

maji

bishaan

sharubati

cuunfaa

maziwa

aannani

coke

kookii

mvinyo

wayinii

bia

biiraa

pombe

alkoolii

kakao

kookaa

chai

shaayii

kahawa

buna

spreso

espereesso

kapuchino

kaappuchuunoo

ndizi

muuzii

tufaha

aappilii

machungwa

burtukaana

tikiti˜

meeloonii

lemon

loomii

karoti

kaarotii

kitunguu saumu

qullubbii adii

mianzi

leemmana

kitunguu

qullubbii

uyoga

jaarsa marqoo

karanga

godoo

nudo

gowwaa

spageti

ispaageetii

mpunga

ruuza

saladi

salaaxaa

vibanzi

chiipsii

viazi vya kukaanga

moose affeelamaa

piza

piizaa

hambaga

hmbargarii

sandwichi

saanduchii

kipande

kotaleetii

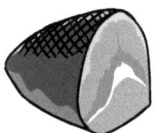

paja la mnyama

foon booyyee kan luka
fuuiduraa

salami

nyaata mi'eessituu fi
sooggiddan sukkummame

soseji

sausage

kuku

lukuu

choma

waaddii

samaki

qurxummii

oats ya uji

bulluqa aajjaa

muesll

masliis

cornflakes

fandishaa

unga

daakuu

kroisanti

kiroosantii

andazi

daabboo-

mkate

daabboo

mkate wa kubanika

dabboo oo'aa

biskuti

buskuuta

siagi

dhadhaa

maziwa mgando

itittuu

keki

keekii

yai

buuphaa

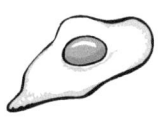

yai kukaanga

buuphaa affeelamaa

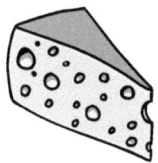

jibini

ayibii

aiskrimu

aays kireemii

sukari

shukkaara

asali

damma

jemu

marmaalaataa

kuenea kwa chokoleti

chokkoleetii bittinnaa'aa

mchuzi wa viungo

kuurii

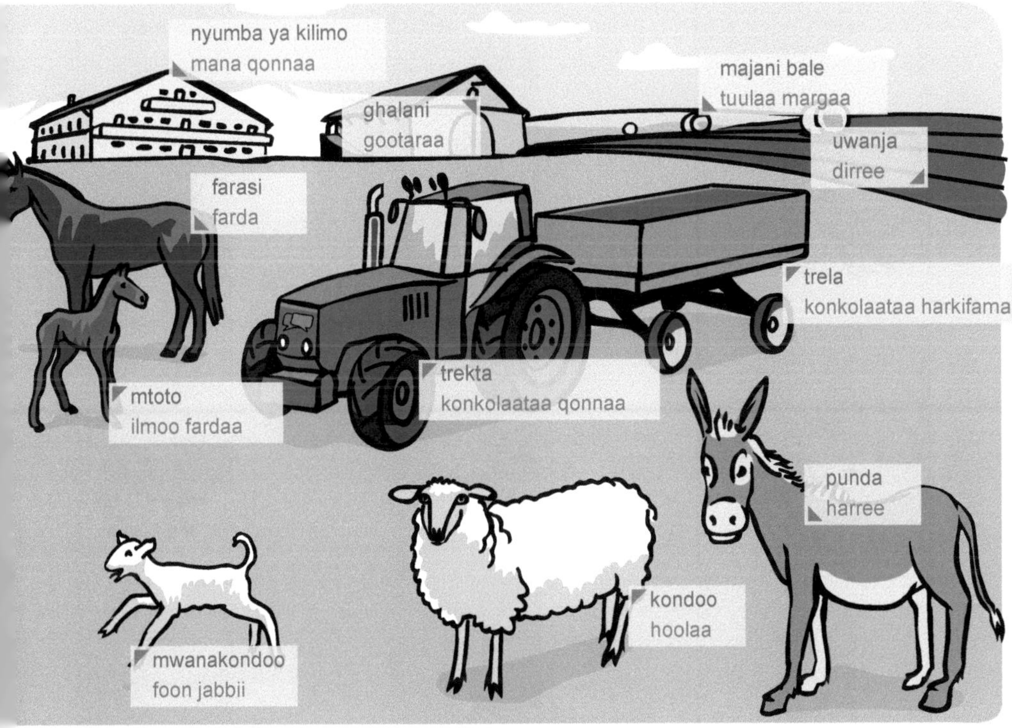

nyumba ya kilimo
mana qonnaa

ghalani
gootaraa

majani bale
tuulaa margaa

uwanja
dirree

farasi
farda

trela
konkolaataa harkifamaa

trekta
konkolaataa qonnaa

mtoto
ilmoo fardaa

punda
harree

mwanakondoo
foon jabbii

kondoo
hoolaa

mbuzi

ra'ee

ng'ombe

sa'a

ndama

jabbilee

nguruwe

booyyee

mwananguruwe

ilmoo booyyee

fahali

korma

batabukini
ziyyee

bata
daakkiyyee

kifaranga
lukkuu

kuku
lukkuu haadhoo

jogoo
lukkuu kormaa

panya
hantuuta

paka
adurree

panya
hantuuta goodaa

ng'ombe
qotiyyoo

mbwa
saree

nyumba ya mbwa
mana saree

bomba la bustani
ujjummoo oddoo

debe la kumwagilia maji
kan ittin bishaan obaasan

fyekeo
haamtuu dheeraa

kulima
qotuu

mundu

haamtuu

jembe

gasoo

uma wa nyasi

manshii

shoka

qotoo

toroli

gaarii goommaa

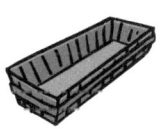

kupitia nyimbo

suluula

chombo cha maziwa

meeshaa aannanii

gunia

keeshaa

ua

dallaa

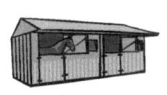

imara

tasgabbii

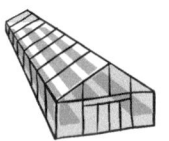

chafu

mana biqiltuu

udongo

biyyee

mbegu

sanyii

mbolea

dachee gabbistuu

kivunaji

kmbaayinara haamaa

mavuno

haamuu

mavuno

haamuu

viazi vikuu

biqiltuu hundeen isaa
nyaatamu

ngano

qamadii

soya

sooy

viazi

moose

mahindi

boqqoolloo

rapa

raappii siidii

mti wa matunda

muka fudraa

muhogo

kzaavaa

nafaka

midhaan biilaa

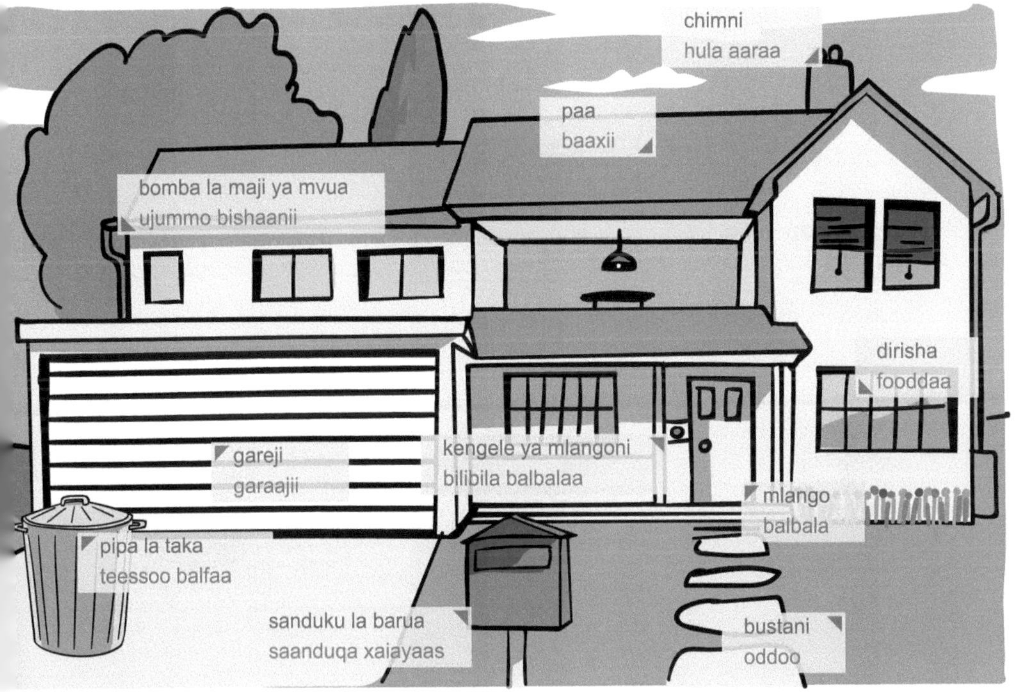

chimni
hula aaraa

paa
baaxii

bomba la maji ya mvua
ujummo bishaanii

dirisha
fooddaa

gareji
garaajii

kengele ya mlangoni
bilibila balbalaa

mlango
balbala

pipa la taka
teessoo balfaa

sanduku la barua
saanduqa xaiayaas

bustani
oddoo

sebuleni
kutaa jireenyaa

bafu
kutaa dhiqannaa

jikoni
mana bilcheessaa

chumba cha kulala
kutaa ciisichaa

chumba ya mtoto
kutaa ijoollee

chumba cha kulia
kutaa nyaataa

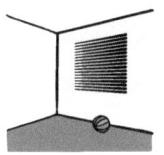

sakafu

lafa

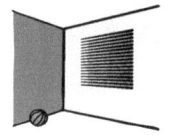

ukuta

ededaa

dari

baaxii

pishi

seelaarii

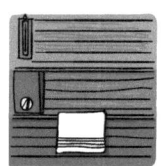

sauna

saawunaa

roshani

baankoonii

mtaro

madaba

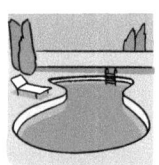

kidimbwi

puulii

mashine ya kukata nyasi

konkoolaataa haamaa

karatasi

ansoolaa

kitambaa cha kupamba
kitanda

uffata siree

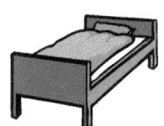

kitanda

siree

ufagio

hartuu

ndoo

baaldii

kubadili

cufuu

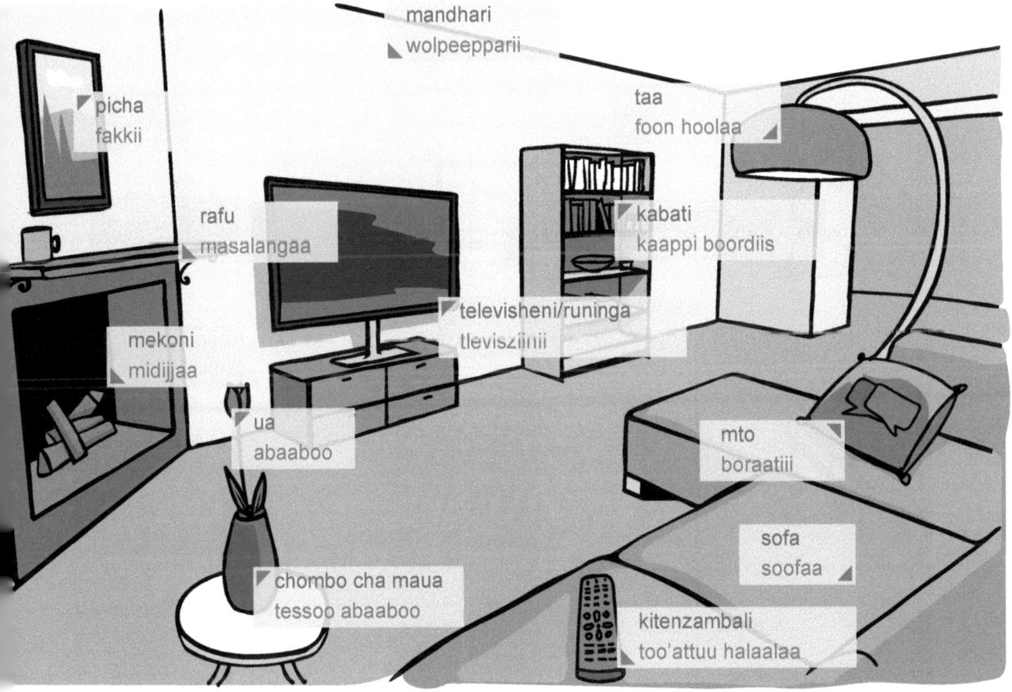

mandhari
wolpeepparii

picha
fakkii

taa
foon hoolaa

rafu
masalangaa

kabati
kaappi boordiis

mekoni
midijjaa

televisheni/runinga
tlevisziinii

ua
abaaboo

mto
boraatiii

sofa
soofaa

chombo cha maua
tessoo abaaboo

kitenzambali
too'attuu halaalaa

zulia

afata

pazia

golgaa

meza

minjaala

kiti

teessoo

kiti cha bembea

teessoo rarra'aa

armchair

teesoo ciqilffannaa

kitabu
kitaaba

blanketi
uffata qorraa

mapambo
midhagina

kuni
muka qoraanii

filamu
fiilmii

kifaa cha hi-fi
meeshaa

ufunguo
furtuu

gazeti
gaazexaa

uchoraji
dibuu

bango
barjaa

redio
reedyoonii

daftari
daftara yaadanoo

kifyonza
meeshaa eeleektirikaa afata qulqulleessu

dungusi kakati
laaftoo

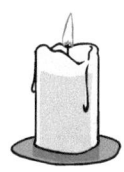

mshumaa
dungoo

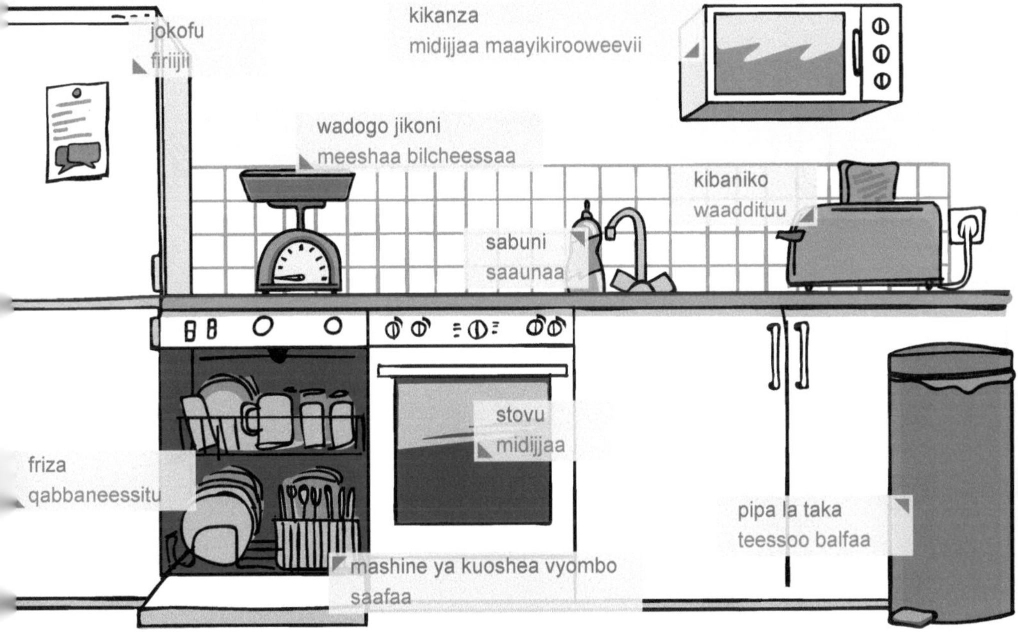

jokofu
firiijii

kikanza
midijjaa maayikirooweevii

wadogo jikoni
meeshaa bilcheessaa

kibaniko
waaddituu

sabuni
saaunaa

friza
qabbaneessitu

stovu
midijjaa

pipa la taka
teessoo balfaa

mashine ya kuoshea vyombo
saafaa

jiko la kupika
bilcheesssituu

chungu
okkotee

sufuria ya chuma
cast-iron pot

wok / kadai
sataatee

kaango
waaddituu

birika
markajii

stima

jabala humna urkaa

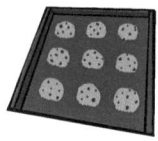

sinia ya kuoka

tirii bilcheessaa

vyombo vya udongo

bantuu qaruuraa

kombe

geeba

bakuli

sayinaa

vijiti vya kulia

dibata hidhii

ukawa

cilfaa

mwiko mpana

shuukkaa

burashi

areeda aduurree

kichujio

dhimbiibduu

chujio

gingilchaa

mbuzi

meeshaa farfartuu

chokaa

mooyyee

barbeque

waadii abiddaa

moto wazi

midijjaa

ubao wa majaribio

maktafiyaa

kijiti cha kusukuma unga

martuu

kizibuo

bantuu qaruuraa

kopo

danda'uu

inaweza kopo

banuu danda'uu

kishikio cha chungu

teesoo okkotee

karo

lixuu

brashi

buruushii

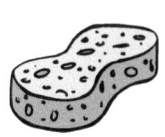

sifongo

ispoonjii

kisagaji matunda

meeshaa waliin makaa

friji ya kina

qabbaneessaa guddaa

chupa ya mtoto

xuuxxoo

bomba

ujjuummoo

bafu

kutaa dhiqannaa

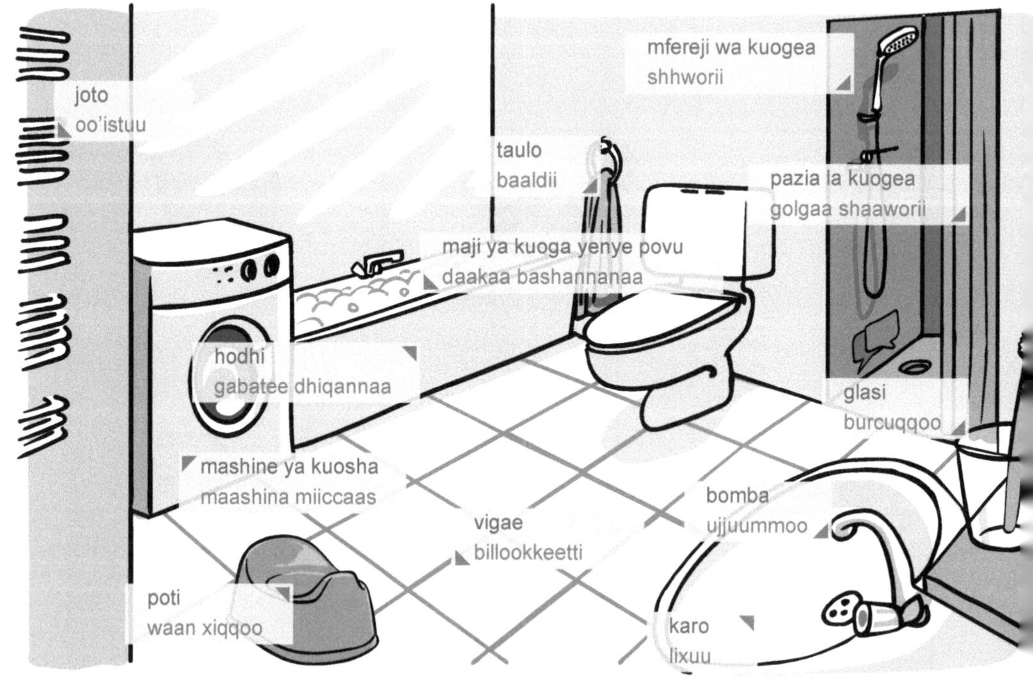
joto
oo'istuu
taulo
baaldii
mfereji wa kuogea
shhworii
pazia la kuogea
golgaa shaaworii
maji ya kuoga yenye povu
daakaa bashannanaa
hodhi
gabatee dhiqannaa
glasi
burcuqqoo
mashine ya kuosha
maashina miiccaas
bomba
ujjuummoo
vigae
billookkeetti
poti
waan xiqqoo
karo
lixuu

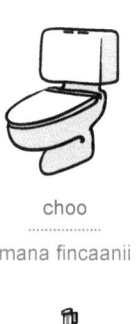

choo

mana fincaanii

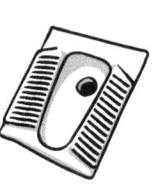

choo cha squat

mana fincaanii taa'e

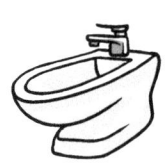

beseni la mviringo

saafaa

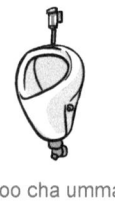

choo cha umma

sahiinaa mana fincaanii

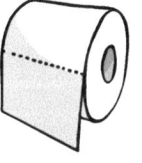

shashi

sooftii

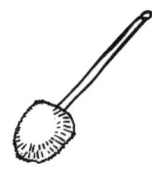

brashi ya choo

burusha mana fincaanii

mswaki

buruushii ilkaanii

dawa ya meno

saamunaa ilkaanii

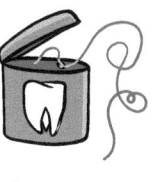

dawa ya meno

soqxuu ilkaanii

safisha

dhiquu

kuoga mkono

qaama dhiqannaa aadaa

msukumo wa maji

kan dach

bonde

sulula

mpako wa pili

mana dhiqataa

sabuni

saamunaa

jeli ya kuogea

ibata dhiqannaa boodaa

shampuu

shaampuu

flana

jejuu

toa maji

gogsuu

krimu

kireemii

kiondoa harufu

dodoraantii

kioo

daawitii

kioo mkono

daawitii hrkaa

kinyozi

milaacii

povu la kunyoa

dibata areedaas

baada ya kunyoa

diibata areedaa

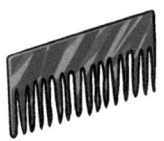

kichana

filaa

brashi

burusha

kikausha nywele

qoorsituu rifeensaa

marashi ya nyewele

hafuuftuu rifeensaa

vipodozi

meekaappii

kidomwa

lippistiikii

varnish ya msumari

qeessa muculiksituu

pamba

jirbii

mkasi wa kucha

murtuu qeessa

manukato

shittoo

mkoba wa kuosha

korojoo dhiqannaa

kinyesi

gatteechuma

mizani

iskeelii ulfaatinaa

nguo ya kuoga

uffata dhiqannaa

glavu za mpira

guwaantii pilaastikaa

kisodo

moodesii

sodo

fooxaa qulquulinaa

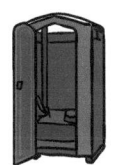

kemikali choo

keemikaala mana fincaanii

chumba ya mtoto
kutaa ijoollee

saa ya kengele
sa'aatii alaarmii
kidoli cha kupakata
Eebbiyyoo Hammatamu
gari bandia
konkolaatt ijollee
kelele
hasaasuu
chumba cha midoli
mana eebbiyyo
sasa
jira

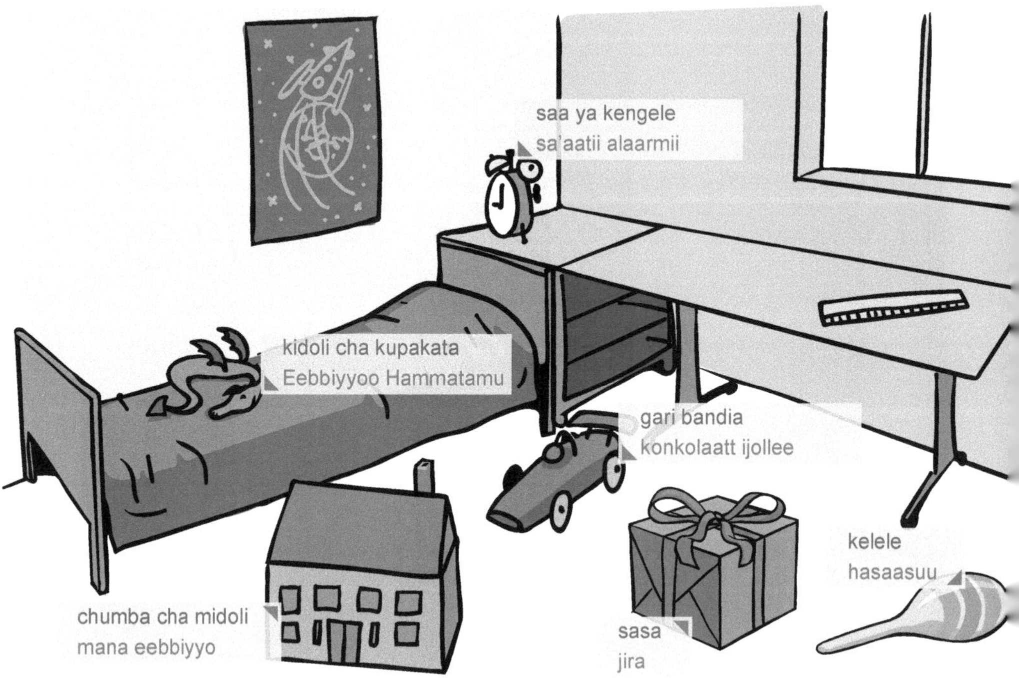

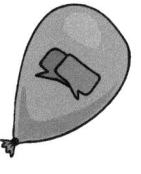

baluni

baaloonii

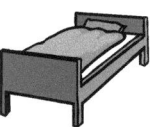

kitanda

siree

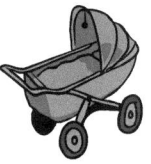

mashua

gaarii daa'imaa

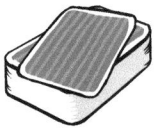

staha ya kadi

Minjaala Kaardii

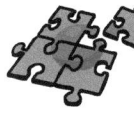

mchezo-fumb

akaafaa

vichekesho

kofalchiisaa

matofali lego

lego bricks

vitalu mwigo

dlookii ijaarsaa

hatua takwimu

lakkofsa gochaa

suti ya kulalia

guddina daa'imaa

kisahani

saahinaa taphaa

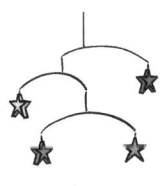

simu

mobaayilii

ubao wa michezo

gabatee taphaa

kete

kuubii lakk. 1-6 qabu

garimoshi mwigo

teessuma leenji'aa
modeelaa

dummy

fakkii

chama

afeerrii

picha kitabu

kitaaba fakii

mpira

kubbaa

kikaragosi

eebiyyoo

kucheza

tapha

shimo la mchanga

boolla cirrachaa

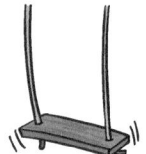

bembea

hodhuu

vitu bandia

eebbiyyoo

kiweko cha video ya mchezo

konsoli tapha viidyoo

baiskeli ya magurudumu

marsaa sadii

matatu

mwanasesere

eebiyyo hammatamtu

kabati

sanduqaa dhaabbii

nguo
cuufinsa

soksi

kaalsii

stokingi

istookingii

kibano

taayitii

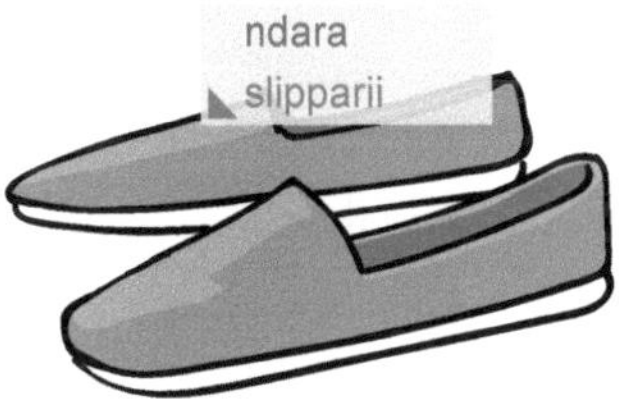

skafu
guftaa

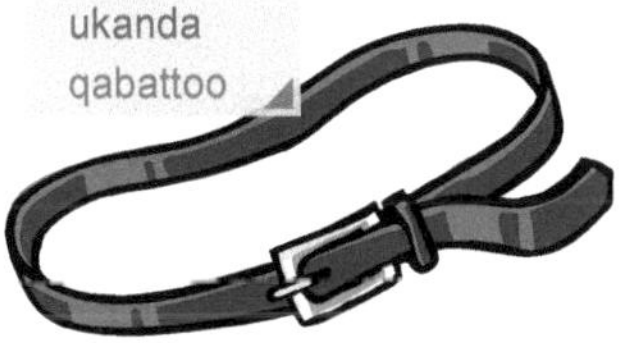

mwavuli
dibaaboo

ukanda
qabattoo

fulana
qomee

viatu
bidiruuwwan

ndara
slipparii

wakufunzi
leenjitoota

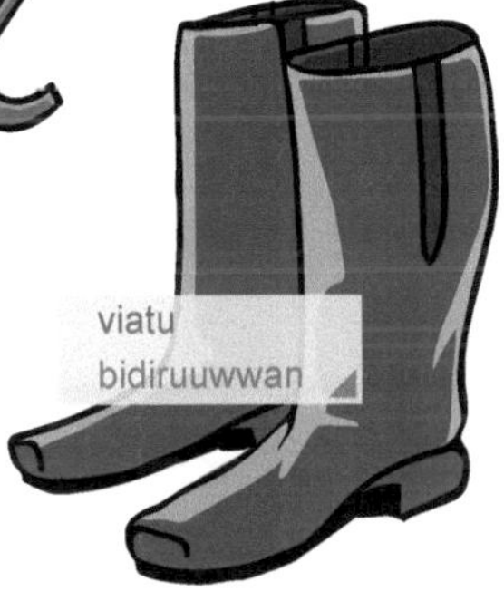

malapa
....
kophee banaa

viatu
....
kophee

mabuti ya mpira
....
bidiruu pilaastikaa

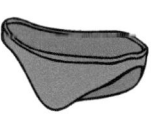

suruali ya ndani
....
butaantaa

sidiria
....
harmaa

fulana
....
sadariyyaa

mwili
qaama

suruali
kofoo dheeraa

dangirizi
jiinsii

sketi
dalgee

blauzi
shamiza

shati
shurraaba

vuta
shurraaba

sweta
haaguuggii jaakkeettii

bleza
yuunifoormii

jaketi
jaakkeettii

koti
kootii

koti la mvua
kafana roobaa

maleba
barsuma

gauni
wandaboo

mavazi ya harusi
kafana gaa'ilaa

suti
kafana guutuu

vazi la usiku
uffata halkanii

pajama
bijaamaa

sari
wandaboo hindii

skafu
guftaa

kilemba
marata

burka
burqaa

kaftan
jalabiyyaa

abaya
abaya

vazi la kuogelea
kafana daakkaa

vazi la kiume la kuogelea
mudhii

kaptura
kofoo qabaabaa

teitei
kafanafgichaa

aproni
appiroonii

glavu
guwwaantii

kifungo
furtuu

glasi
burcuqqoowwan

bangili
gumee

mkufu
amartii

pete
qubeelaa

herini
glii

kofia
geeba

kiango cha koti
fanoo kootii

kofia
qoobii

tai
karbaata

zipu
ziippii

kofia
heelmeetii

kanda za suruali
collee

sare za shule
uffata mana baruumsaa

sare
yuunifoormii

bibu
....
kafana gorooraa

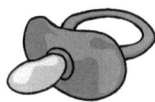

dummy
....
fakkii

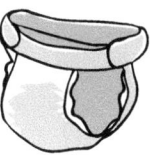

nepi
....
naappii

ofisi

waajjira

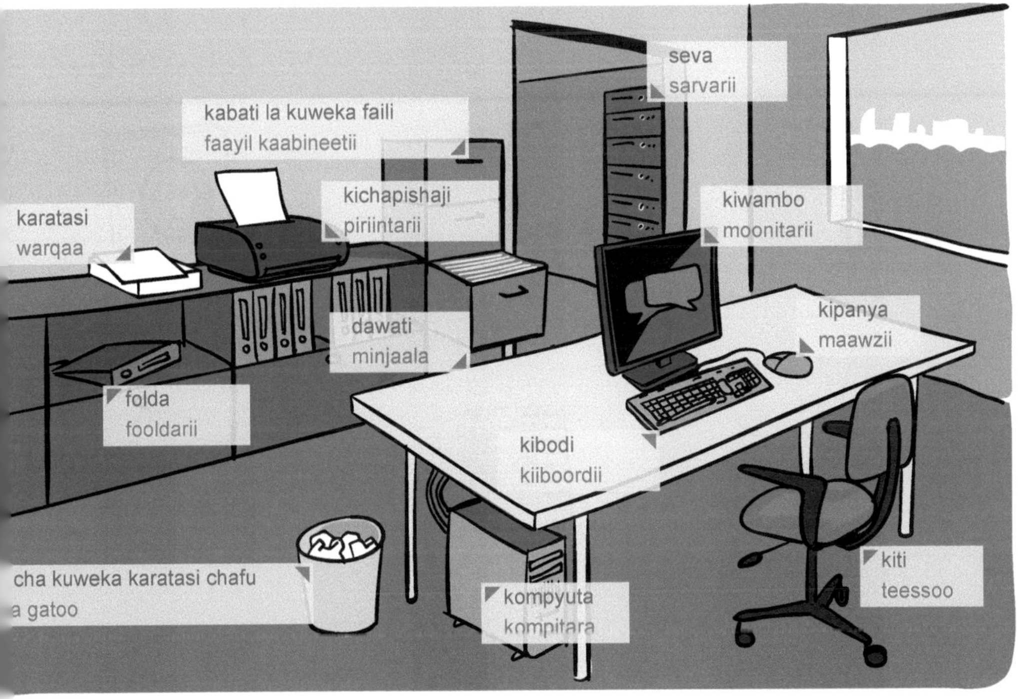

karatasi
warqaa

kabati la kuweka faili
faayil kaabineetii

kichapishaji
piriintarii

seva
sarvarii

kiwambo
moonitarii

dawati
minjaala

kipanya
maawzii

folda
fooldarii

kibodi
kiiboordii

cha kuweka karatasi chafu
a gatoo

kompyuta
kompitara

kiti
teessoo

kmobe la kahawa
....
siinii bunaa

kikokotoo
....
herregduu

biashara
....
intarneetii

mbali

lab tooppii

barua

xalaya

ujumbe

ergaa

rununu

mobbyilii

intaneti

neetwoorkii

fotokopia

maashina footokoppii

programu

sooft weerii

simu

bilbila

soketi

sookkeetii suuqii

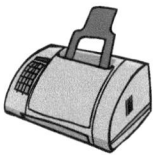

kipepesi

maashina faaksiis

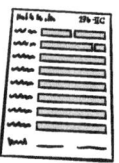

fomu

uunkaa

hati

dookimantii

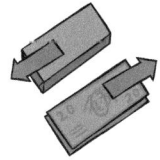

kununua

bituu

kulipa

kafaluu

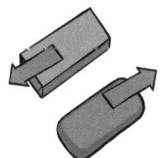

biashara

daldaluu

fedha

qarshii

dola

doolaara

yuro

yuroou

yeni

yen

rouble

ruubilii

faranga ya Uswisi

Farankaa swwiz

renminbi yuan

yuwaanii reenmiinbii

rupia

ruuppee

eneo la kulipia

kaash pooyintii

ofisi ya ubadilishanaji

biiroo de cheenjee

dhahabu

warqee

fedha

meeta

mafuta

zayita

nishati

human

bei

gatii

mkataba

koontiraata

kodi

taaksii

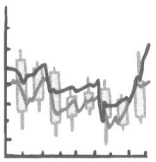

bidhaa

shaqaxa

kazi

hojjechuu

mfanyakazi

qacaramaa

mwajiri

qacaraa

kiwanda

faabrikaas

duka

dukkaana

afisa wa polisi
qondaala foolisii

mzimamoto
hojetaa balaa abiddaa

mpishi
bilcheessituu

daktari
doktora

rubani
paayileetii

mtunza bustani
waardiyyaa

seremala
ogeessa mukaa

mshonaji
ooftuu jabalaa

hakimu
abbaa seeraa

mwanakemia
keemistii

muigizaji
ta'aa

dereva wa basi

konkolaachisaa

dereva wa teksi

konkolaachisaataaksii

mvuvi

qurxumii kiyyeessaa

mwanamke wa kusafisha

qulqulleessituu

mwezekaji

hojetaa baaxii

mhudumu

keessummeessaa

mwindaji

adamisituus

mchoraji

halluu dibduu

mwokaji

tolchituu

umeme

elektrishaana

mjenzi

ijaaraa

mhandisi

injinara

mchinjaji

mana foonii

fundi bomba

hjjetaa ujummoo

mwanaposta

poostaa geessituu

mwanajeshi

raayyaa

msanifu majengo

arkteektii

keshia

qarshi qabduu

muuza maua

abaaboo gurgurtuu

msusi

dabbasaa murtuu

kondakta

kondaaktara

mekanika

makaanika

nahodha

kaappiteenii

daktari wa meno

hakiima ilkee

mwanasayansi

saayntiistii

rabbi

rabbi

imamu

imaama

mtawa

moloskee

kasisi

luba

zana
meeshaalee

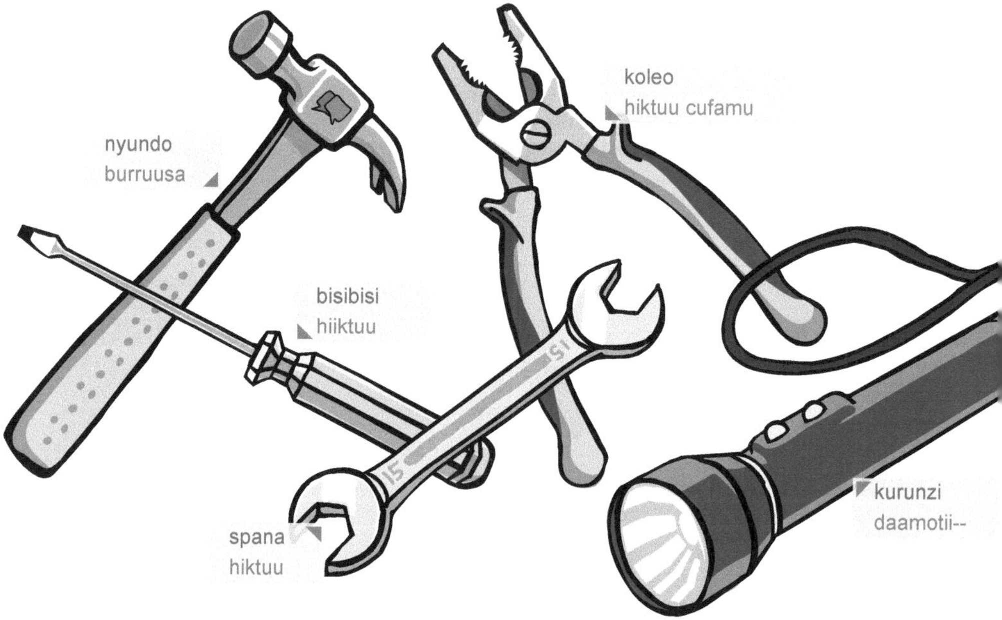
koleo
hiktuu cufamu
nyundo
burruusa
bisibisi
hiiktuu
15
15
kurunzi
daamotii--
spana
hiktuu

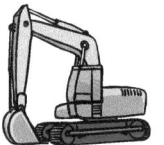

mchimbaji
gasoo

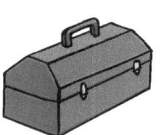

sanduku la vifaa
saanduqa meeshhalee

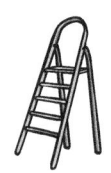

ngazi
kortoo

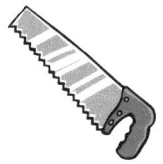

msumeno
magaazii

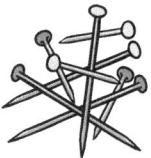

misumari
bismaara

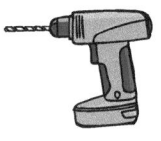

kuchimba visima
diriilii

kukarabati	sepetu	Lo!
suphuu	akaafaa	dhaabi

kishikio cha uchafu	chungu cha rangi	skurubu
gataa balfaa	qodaa haalluu	hiktuu

spika
sagalee guddistuu

mpangilio wa ngoma
teessoo dibbee

besi mara mbili
sagalee baay'ee xiqqaa

tarumbeta
tiraampeetii

gita
gitaara

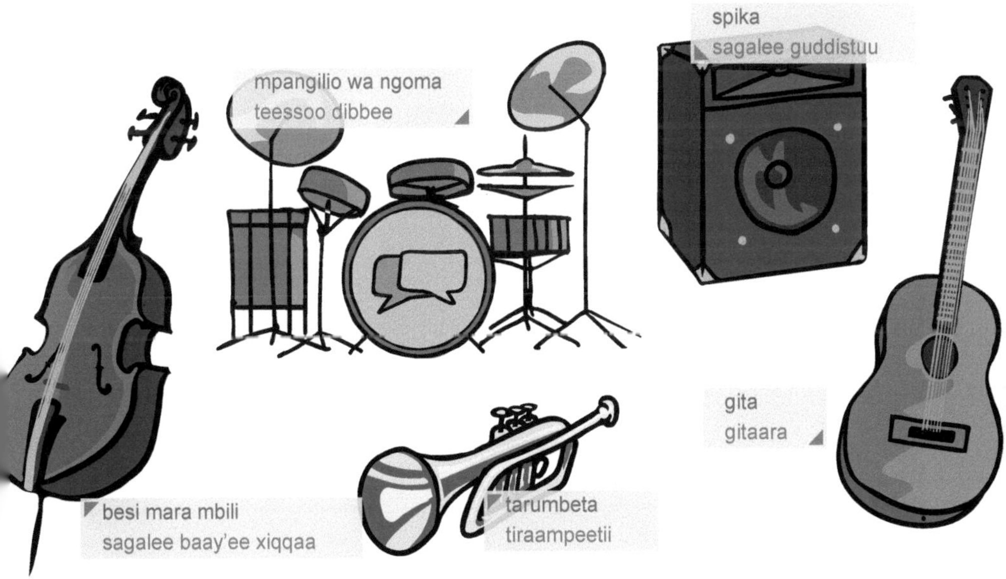

piano

piyaanoo

fidla

vaayoolinii

ubeji

sagalee xiqqaa

timpani

timpaanii

ngoma

dibbee

kibodi

kiiboordii

saksafoni

saaksi foona

filimbi

ulullee

maikrofoni

may craafoona

bustani ya wanyama
dallaa beeladaa

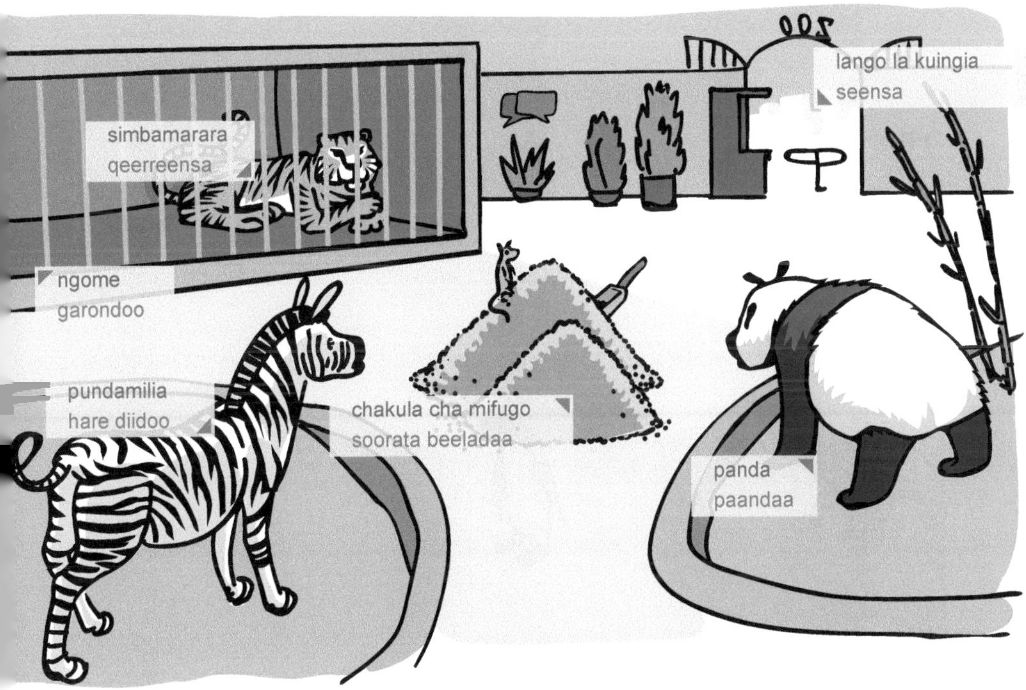
ZOO
lango la kuingia
seensa
simbamarara
qeerreensa
ngome
garondoo
pundamilia
hare diidoo
chakula cha mifugo
soorata beeladaa
panda
paandaa

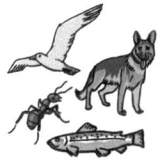

wanyama
beeladoota

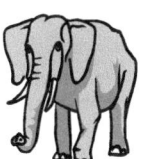

tembo
arba

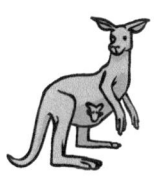

kangaruu
kaangaaroo

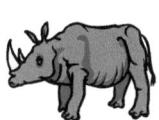

kifaru
warseesa

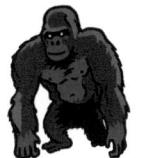

sokwe
jaldeessa guddaa

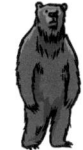

dubu
godaa

ngamia

gala

mbuni

guchii

simba

leenca

tumbili

jaldeessa

heroe

fiilaamingoo

kasuku

simbira dubbattu

dubu

diibii poolarii

penguini

peengyuunii

papa

shaarkii

tausi

piikookii

nyoka

bofa

mamba

qocaa

mtunza wanyama

eegaa zoo

muhuri

chaappaa

jaguar

sanyii qeerensaa

mwanafarasi

farda gabaabduu

chui

sanyii qeerrensaa

kiboko

roobii

twiga

sattaawwaa

tai

culullee

nguruwe mwitu

ifaannaa

samaki

qurxummii

kobe

qocaa galaanaa

sili

beelada bishaan keessaa

mbweha

sardiida

paa

godaa

soka ya marekani
kubbaa miilaa ameerikaa

uendeshaji baiskeli
dargmmii bishkilileettaa

tenisi
teenisa

mpira wa kikapu
kubba kaachoo

kuogelea
bishaan daakkaa

ndondi
aboottoo

magongo ya barafuni
sigigoo cabbie

soka
kubbaa miilaa

vinyoya
baadmentanii

riadha
atileetii

mpira wa mikono
kubba harkaa

skii
skiing

polo
pooloo

shughuli
sochii

cheka
kolfa
kuruka
utaalcha
kumbatia
hammachuu
kutembea
deemuu
kuimba
sirbuu
ota ndoto
abjuu
kuomba
kadhannaa
busu
dhungoo

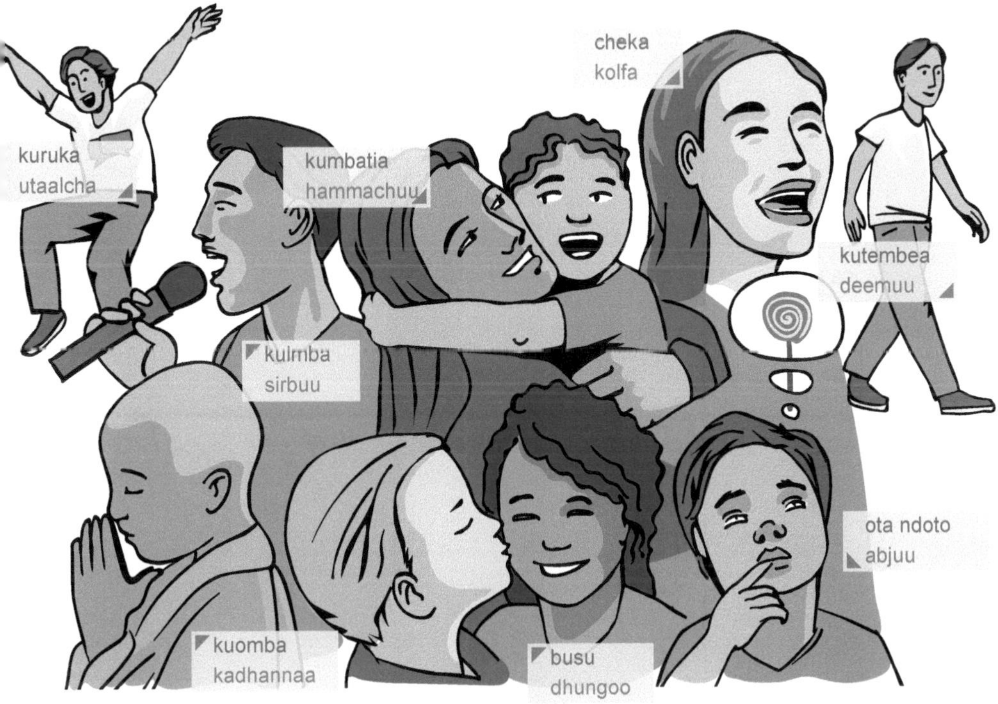

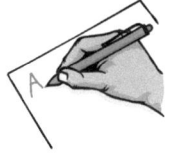

kuandika
barreessuu

kuteka
fakkii kaasuu

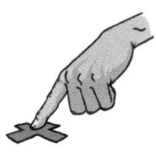

angalia
agrsiisuu

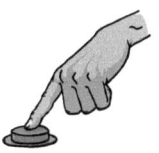

sukuma
dhiibuu

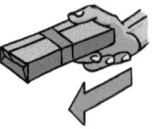

kutoa
kennuu

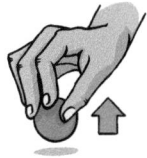

kuchukua
fudhachuu

kuwa

qabaachuu

fanya

gochuu

kuwa

ta'uu

kusimama

dhaabbachuu

kukimbia

kaachuu

vuta

harkisuu

kutupa

darbachuu

kuanguka

kufuu

hadaa

soba

kusubiri

eeguu

kubeba

baachuus

kukaa

taa'uu

vaa nguo

uffachuu

usingizi

rafuu

kuamka

dammaquu

kuangalia

ilaaluu

lia

iyyuu

kiharusi

dhiibbaa dhiigaa

chana nywele

filuu

ongea

haasa'uu

kuelewa

hubachuu

kuuliza

gaafachuu

kusikiliza

dhggeeffachuu

kunywa

dhuguu

kula

nyaachuu

nadhifisha

ol kaasuu

upendo

jaalala

mpishi

bilcheessuus

gari

oofuu

kuruka

barrisuu

meli

jabalan

kokotoa

heerregii

kusoma

dubbisuu

kujifunza

baruumsa

kazi

hojjechuu

kuoa

fuudha

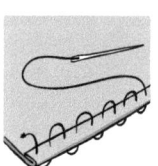

kushona

hodhuu

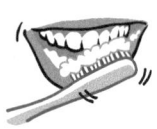

piga mswaki

ilkaan rigachuu

kuua

ajjeecha

moshi

xuuxuu

kutuma

erguu

familia
warra

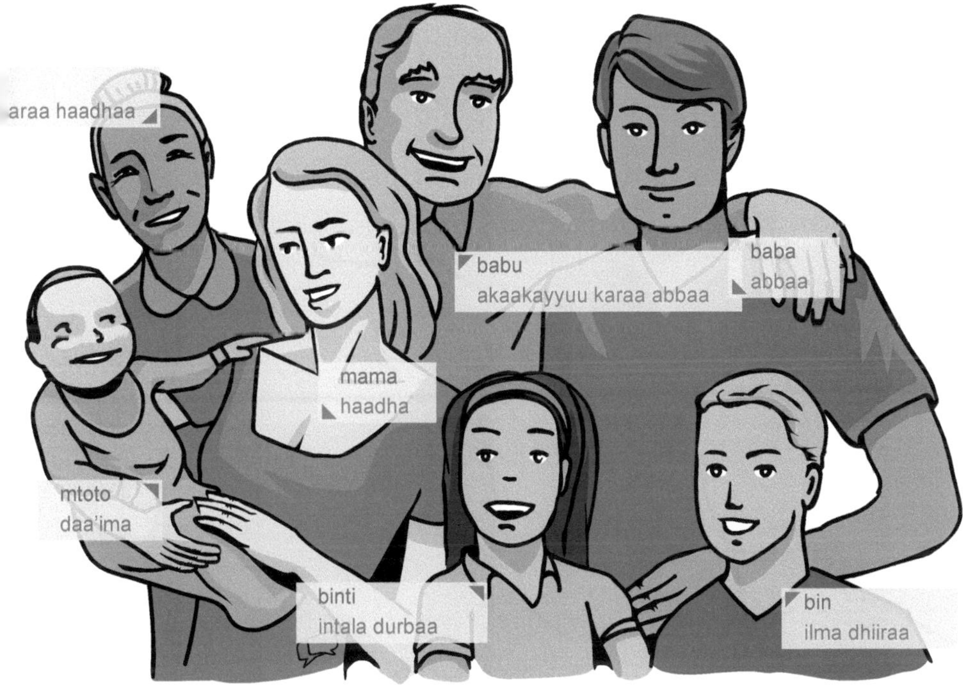
araa haadhaa
babu
akaakayyuu karaa abbaa
baba
abbaa
mama
haadha
mtoto
daa'ima
binti
intala durbaa
bin
ilma dhiiraa

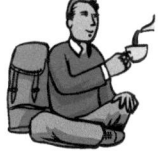

mgeni
keessummaas

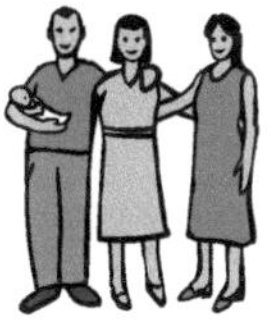
shangazi
adaadaa

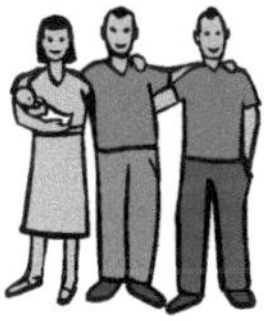
mjomba
eessuma

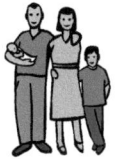

kaka
obboleessa

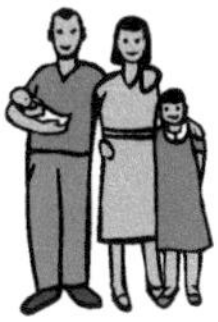
dada
obboleettii

mwili

qaama

paji la uso
adda
jicho
ija
bega
ceekuu
kidole
quba
uso
fuula
kidevu
igicii
mkono
harka
matiti
harma
mguu
luka
mkono
irree

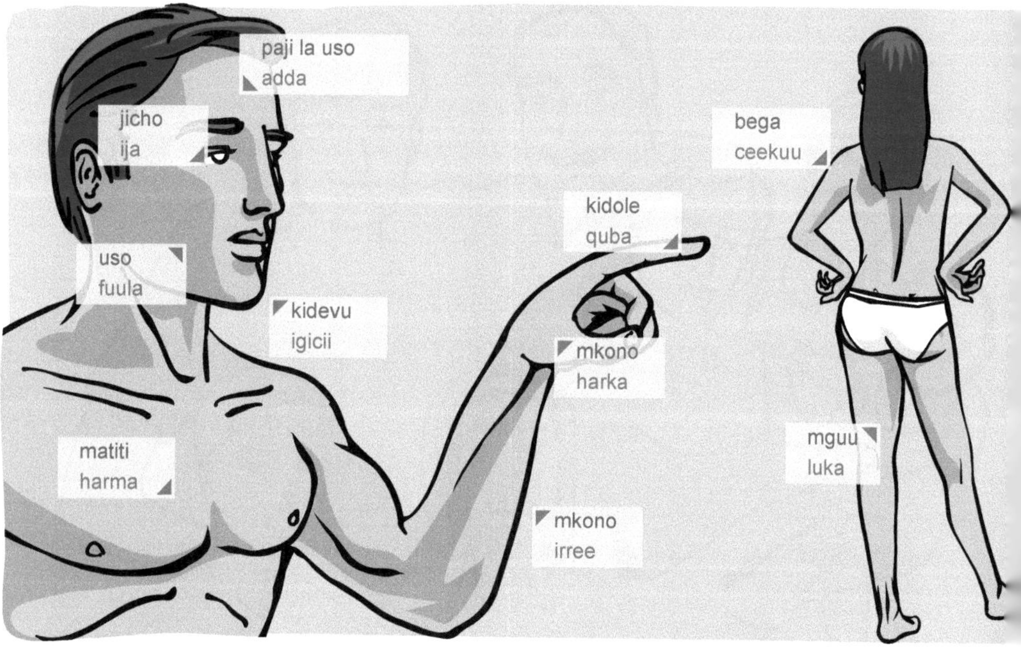

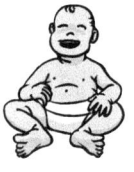

mtoto
daa'ima

mwanamume
nama

mwanamke
dubartii

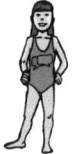

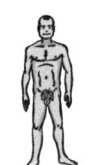

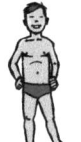

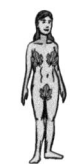

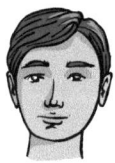

msichana
durba

mvulana
mucaa

kichwa
mataa

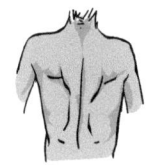

nyuma
duuba

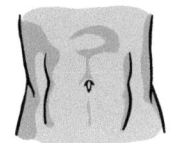

tumbo
godhami

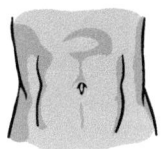

kitovu
belly button

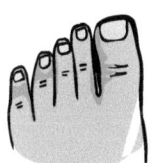

chano
qubq miilaa

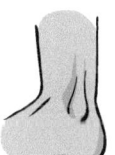

kisigino
koomee

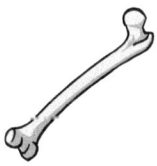

mfupa
lafee

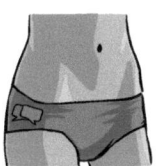

nyonga
dirra

goti
jilba

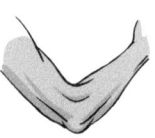

kiwiko
ciqilee

pua
fuunyaan

chini
jɑlɑ

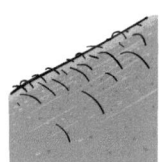

ngozi
gogaa

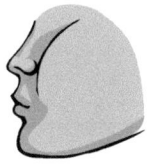

shavu
boqoo

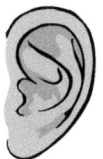

sikio
gurra

mdomo
hidhii

kinywa
afaan

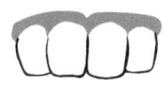

jino
ilkee

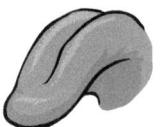

ulimi
arraba

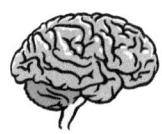

ubongo
sammuu

moyo
onnee

misuli
fon irree

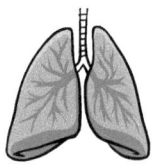

pafu
somba

ini
tiruu

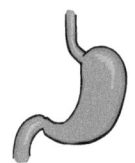

tumbo
garaacha

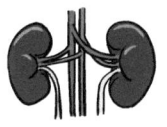

figo
kaleewwan

jinsia
wal qunnamitii saalaa

kondomu
kondomii

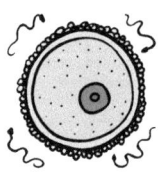

ovari
buphaa dubartii

shahawa
mi'oo

mimba
ulfa

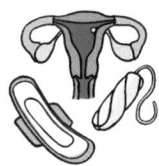

hedhi

laguu ji'aa

uke

buqushaa

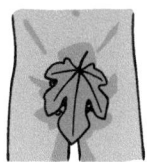

uume

tuffee

unyusi

laboobbaa ijaa

nywele

rifeensa

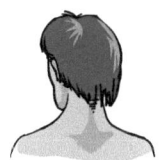

shingo

morma

hospitali
hospitaala

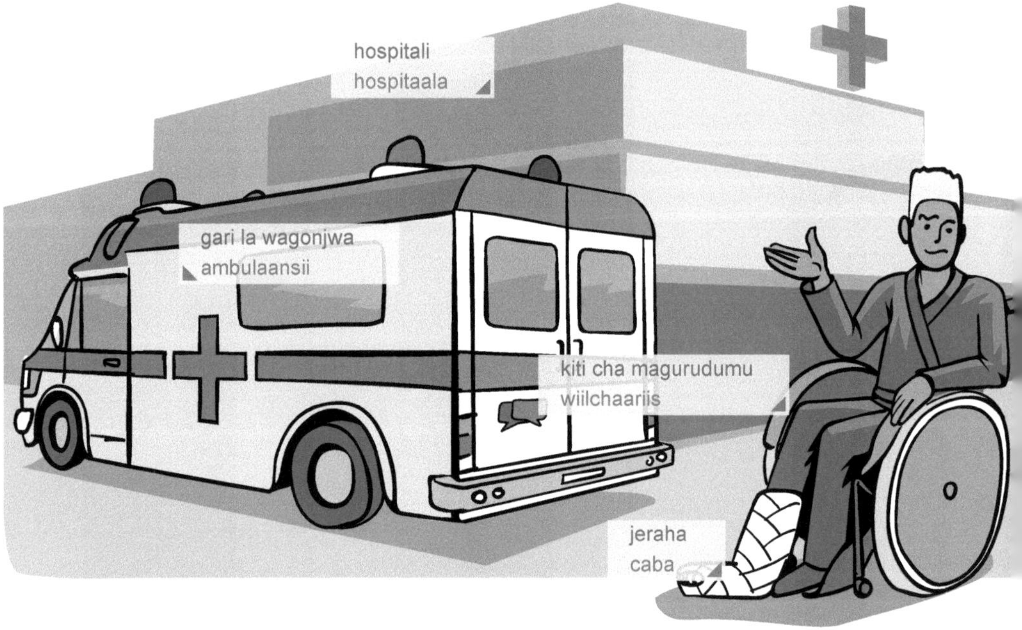

hospitali
hospitaala
gari la wagonjwa
ambulaansii
kiti cha magurudumu
wiilchaariis
jeraha
caba

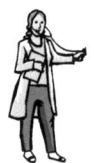

daktari

doktora

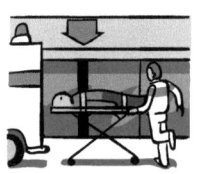

chumba cha dharura

kutaa hatattamaa

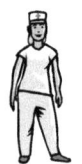

muuguzi

narsii

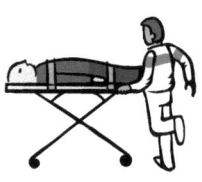

dharura

hatattama

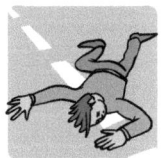

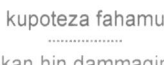

kupoteza fahamu

kan hin dammaqin

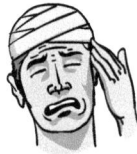

maumivu

dhukkubbii

kuumia

miidhhaa

kutokwa na damu

dhiiguu

mshtuko wa moyo

dhukkuba onnee

kiharusi

baay'ina dhiigaa

mzio

hooqxoo

kikohozi

qufaa

homa

oo'aa qaamaa

mafua

qufaa

kuharisha

baasaa

maumivu ya kichwa

bowoo mataa

kansa

kaansarii

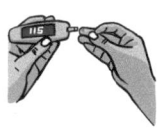

ugonjwa wa kisukari

dhibee sukkaaraa

daktari mpasuaji

baqaqsanii hodhuu

kisu kidogo cha kupasulia

halbee

operesheni

hojii

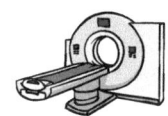

picha changanufu ya mwili

CT

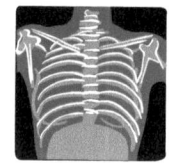

Eksrei

raajii

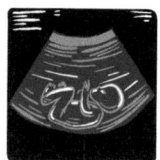

mawimbi sauti

aaltraasaawandii

barakoa ya uso

haguuggii fuuiaa

ugonjwa

dhukkuba

chumba cha kusubiri

kutaa haar galfii

mkongojo

hirkannaa

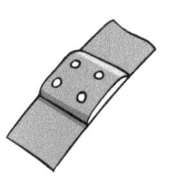

plasta

pilaastara

bendeji

baandeejii

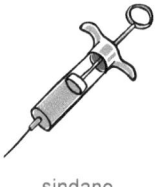

sindano

limmoo waraanuu

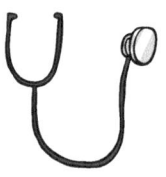

stetoskopu

isteetskooppi

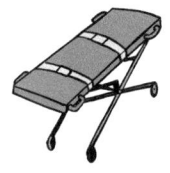

machela

siree dhukkubsataa

kipimajoto cha kliniki

termoo meetira klinikaa

kuzaliwa

dhaloota

unene kupita kiasi

ulfaatinaa ol

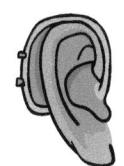

kusikia misaada

gargaaraa dhageettii

kipukusi

qoricha aramaa

maambukizi

miidhama keessaa

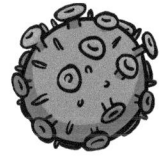

virusi

vaayirasa

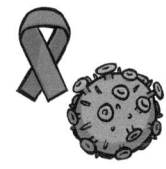

VVU / UKIMWI

ECH AAIVII / EEDSII

dawa

qoricha

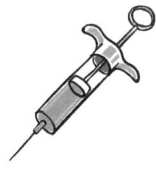

chanjo

talaallii

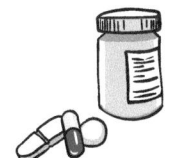

vidonge

kiniinii

kidonge

kiniinii

simu ya dharura

waamicha hatattamaa

haemodainamometa

too'attuu dhiibbaa dhiigaa

mgonjwa / mwenye afya

dhukkuba / fayyaa

Msaada!

gargaarsa!

pigo

weerara

kengele

alaarmiis

shambulizi

miidhuu

hatari

suukaneessaa

lango la dharura

baha hatattamaa

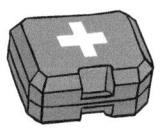

Moto!

abidda

kizima moto

abidda dhaamisituu

ajali

balaa

vifaa vya huduma ya kwanza

saanduqa gargaasa calqabaa

wito wa msaada

Sii'oosii

polisi

foolisii

Ulaya

awurooppaa

Amerika ya Kaskazini

ameerikaa kabaa

Amerika ya Kusini

ameerikaa kibbaa

Afrika

afrikaa

Asia

eesiyaa

Australia

awustraaliyaa

Atlantiki

atilaantik

Pasifiki

paasfiik

Bahari ya Hindi

galaana hindii

Bahari ya Antaktiki

galaana antaartikaa

Bahari ya Aktiki

galaana arkitiik

Ncha ya Kaskazini

polii kaabaa

Ncha ya Kusini

polii kibbaa

Antaktika

antaartikaa

dunia

dachee

nchi

dachee

bahari

garba

kisiwa

odola

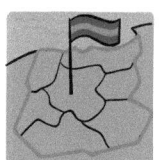

taifa

lammii

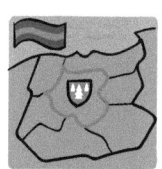

jimbo

kutt biyyaa

uso wa saa

clock face

akrabu ya saa

sa'aatii kana

akrabu ya dakika

daqiiqaa kana

akrabu ya sekunde

moofaa

Ni saa ngapi?

yeroon meeqa ta'ee?

siku

guyyaa

wakati

yeroo

sasa

amma

saa ya dijitali

sa'aatii diiskoo

dakika

daqiiqaa

saa

sa'aatii

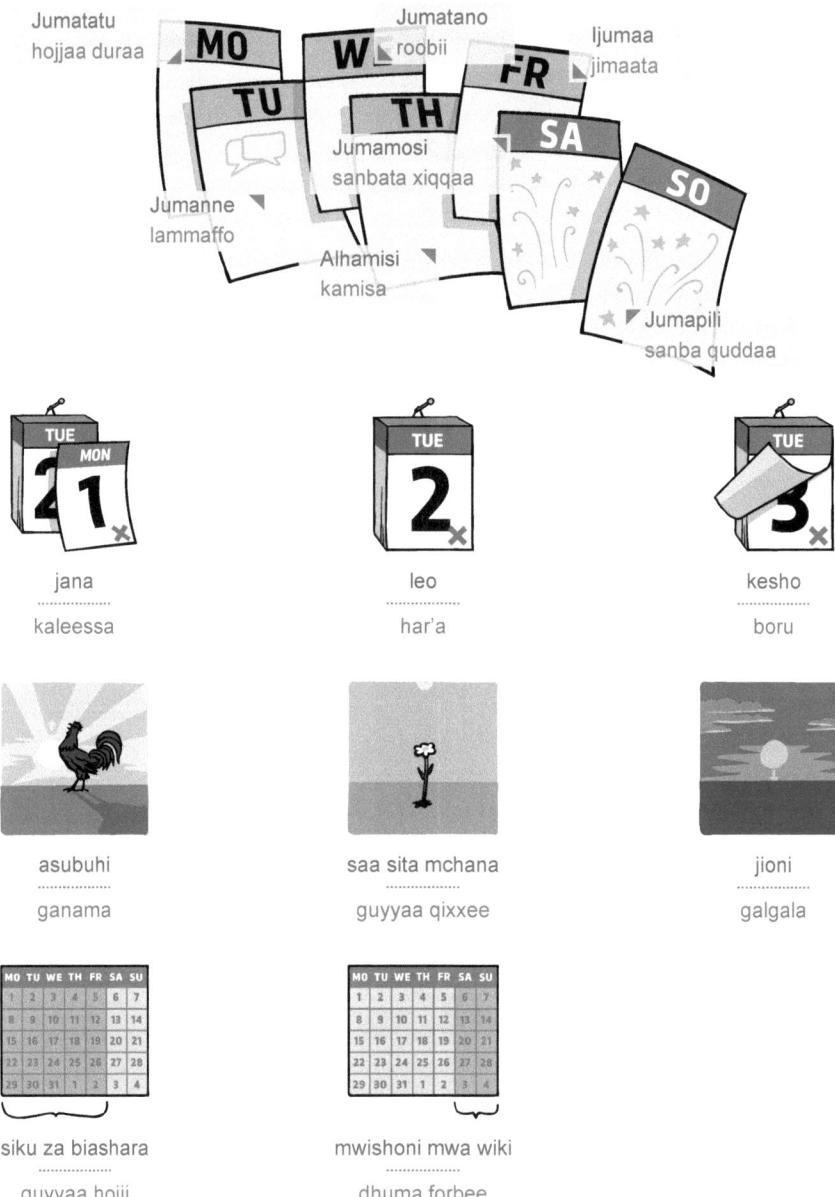

Jumatatu
hojjaa duraa **MO**

Jumatano
W roobii

Ijumaa
FR jimaata

TU

TH

SA

Jumamosi
sanbata xiqqaa

Jumanne
lammaffo

SO

Alhamisi
kamisa

Jumapili
sanba quddaa

jana
kaleessa

leo
har'a

kesho
boru

asubuhi
ganama

saa sita mchana
guyyaa qixxee

jioni
galgala

MO	TU	WE	TH	FR	SA	SU
1	2	3	4	5	6	7
8	9	10	11	12	13	14
15	16	17	18	19	20	21
22	23	24	25	26	27	28
29	30	31	1	2	3	4

siku za biashara
guyyaa hojii

MO	TU	WE	TH	FR	SA	SU
1	2	3	4	5	6	7
8	9	10	11	12	13	14
15	16	17	18	19	20	21
22	23	24	25	26	27	28
29	30	31	1	2	3	4

mwishoni mwa wiki
dhuma forbee

mvua
rooba

upinde wa mvua
sabbata waaqqaa

theluji
cabbii

upepo
bubbee

majira ya machipuko
birraa

vuli
arfaasaa

kiangazi
bona

majira ya baridi
ganna

4.APRIL	11°	☀
5.APRIL	4°	🌧
6.APRIL	13°	🌧
7.APRIL	8°	☀
8.APRIL	10°	☀

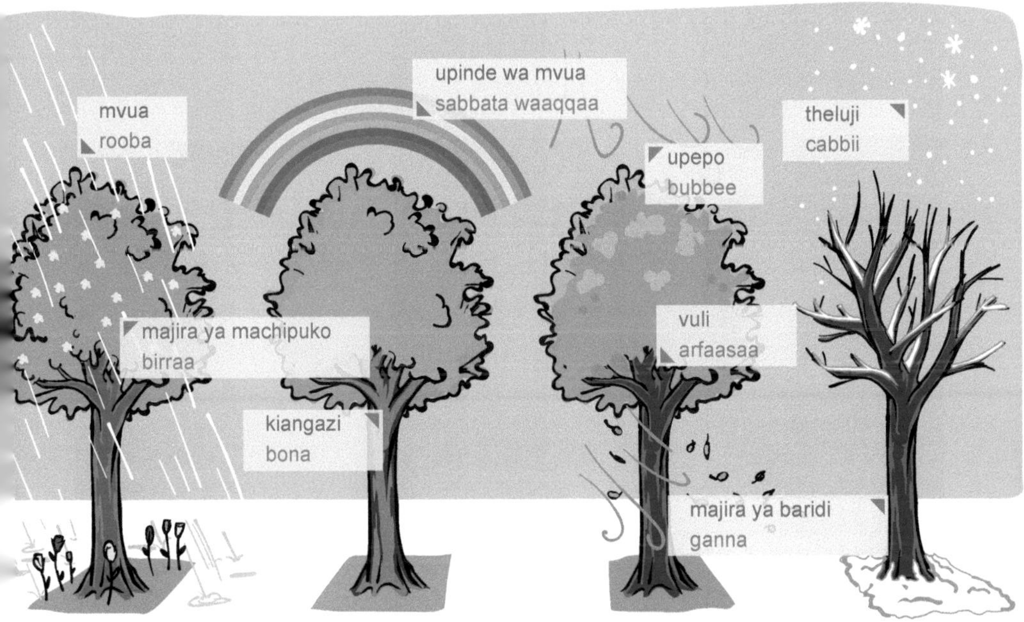

utabiri wa hali ya hewa

raaga haala qileensaa

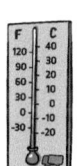

kipimajoto

teermoomeetirii

mwanga wa jua

baha aduu

wingu

duumessa

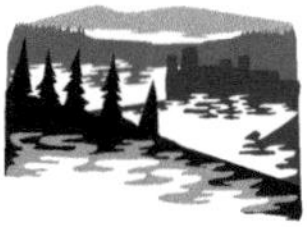

ukungu

hurii

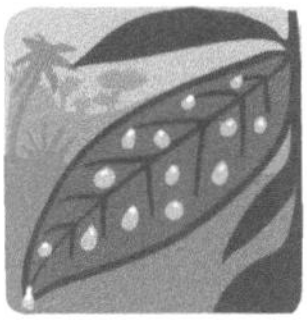

unyevu

jiidha

umeme

bakakkaa

radi

balaqqee

dhoruba

dirrisa

mvua ya mawe

cabbii

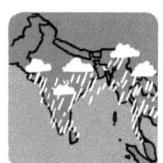

monsuni

monsoon

mafuriko

lolaa

barafu

cabbie

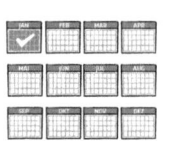

Januari

Amajjii

Februari

Gurraandhala

Machi

Bitootessa

Aprili

Eebila

Mei

Caamsaa

Juni

Waxabajji

Julai

Adooleessa

Agosti

Hagayya

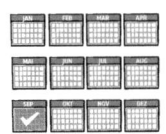

Septemba
Fulbaana

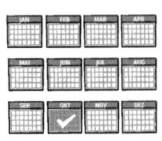

Oktoba
Onkololeessa

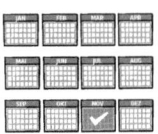

Novemba
Sadaasa

Desemba
Muddee

maumbo
boca

mduara
geengoo

mraba
isqeerii

mstatili
rog arfee

pembetatu
rg sadee

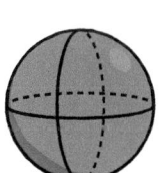

nyanja
molaalee

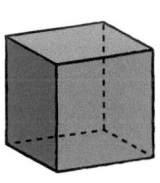

mchemraba
kuubii

nyeupe

adii

manjano

boora

chungwa

keelloo

rangi ya waridi

boorilee

nyekundu

diimaa

hudhurungi

bunnii

bluu

cuqliisa

kijani

magariisa

hanja

magaala

jivujivu

bulee

nyeusi

gurraacha

mengi / kidogo

baay'ee / xiqqoo

hasira / pole

aara / gammachuu

nzuri / mbaya

bareeda / fokkuu

mwanzo / mwisho

calqaba / xumuura

kubwa / ndogo

guddaa / xiqqaa

angavu / giza

ifa / dukkana

kaka / dada

obboleessa / obboleettii

safi / chafu

qulqulluu / xurii

kamilika / tokamilika

xumuuramaa / kan hin xumuuramin

siku / usiku

guyyaa / halkan

wafu / hai

du'aa / jiraa

pana / nyembamba

bal'aa / dhiphaa

kulika / kutolika

kan nyaatamu / kan hin nyaatamne

ovu / ema

badd / gaarii

sisimkwa / udhika

gammachuu / ifannaa

nene / nyembamba

furdaa / qal'aa

kwanza / mwisho

calqaba / dhuma

rafiki / adui

michuu / diina

jaa / tupu

guutuu / duwwaa

ngumu / laini

sakoruu / lalllaafaa

nzito / nyepesi

ulfaataa / salphaa

njaa / kiu

beeluu / dheebuu

mgonjwa / mwenye afya

dhukkuba / fayyaa

haramu / kisheria

seer malee / seera qabeessa

akili / kijinga

gaanfuree / dabeessa

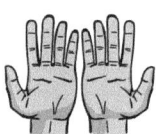

kushoto / kulia

bitaa / mirga

karibu / mbali

maddii / fagoo

mpya / kutumika

haara'a / moofaa

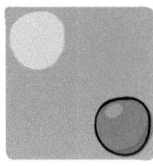

kitu / jambo

homma / waan tokko

zee / changa

jaarsa / dargaggeessa

waka / zima

ibsuu / dhaamsuu

wazi / fungwa

banuu / cufuu

utulivu / kelele

callisuu / sagalee olkaasuu

tajiri / masikini

sooressa / hiyyeessa

sahihi / kosa

sirrii / dogongora

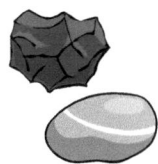

mbaya / laini

sokorruu / lallaafaa

huzunika / furahia

aara / gammachuu

fupi /ndefu

dheeraa / gabaabaa

polepole / haraka

qususaa / collee

nyevu / kavu

jiidhaa / goggogaa

joto / baridi

oo'aa / qorraa

vita / amani

lola / nagaa

0	1	2
sufuri	moja	mbili
duwwaa	tokko	lama

3	4	5
tatu	nne	tano
sadis	afur	shan

6	7	8
sita	saba	nane
jaha	torba	saddeet

9	10	11
tisa	kumi	kumi na moja
sagal	kudhan	kudha tokko

12

kumi na mbili

kudha lama

13

kumi na tatu

kudha sadi

14

kumi na nne

kudha afur

15

kumi na tano

kudha shan

16

kumi na sita

kudha jaha

17

kumi na saba

kudha torba

18

kumi na nane

kudha saddeet

19

kumi na tisa

kudha sagal

20

ishirini

diigdama

100

mia

dhibba

1.000

elfu

kuma

1.000.000

milioni

maliyoona

Kiingereza

Ingiliffa

Kiingereza cha Marekani

Ingiliffa Ameerikaa

Kimandarini cha Uchina

Mandarinii chaayinaa

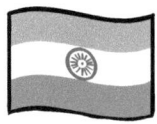

Kihindi

Afaan Hindii

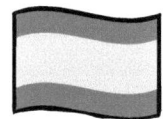

Kihispania

Afaan Speen

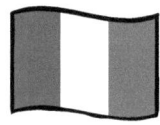

Kifaransa

Afaan Faransaay

Kiarabu

Afaan Arabaa

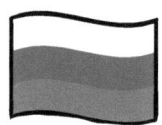

Kirusi

Afaan Raashaa

Kireno

Afaan Poortugaal

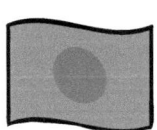

Kibengali

Afaan Beengaal

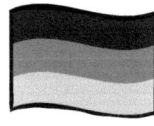

Kijerumani

Afaan Jarman

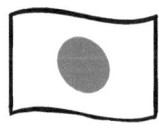

Kijapani

Afaan Jaappaan

mimi

ana

wewe

si

♂ ♀ ○

yeye / yeye / ni

isa / ishii / isa / wantootaf

sisi

nu'ii

wewe

isin

wao

isan

nani?

eenyuu?

nini?

maal?

jinsi gani?

akkamitti

wapi?

eessa?

lini?

hoom?

jina

maqaa

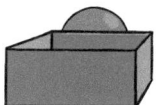

nyuma

duuba

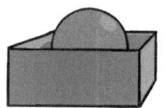

katika

keessa

mbele ya

fuldura

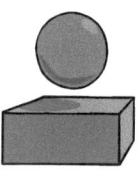

juu ya

irra

kwenye

gubbaa

chini ya

jala

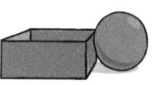

kando

maddii

kati

gidduu

mahali

bakkee